Jack Té

Journal d'un clown bipolaire

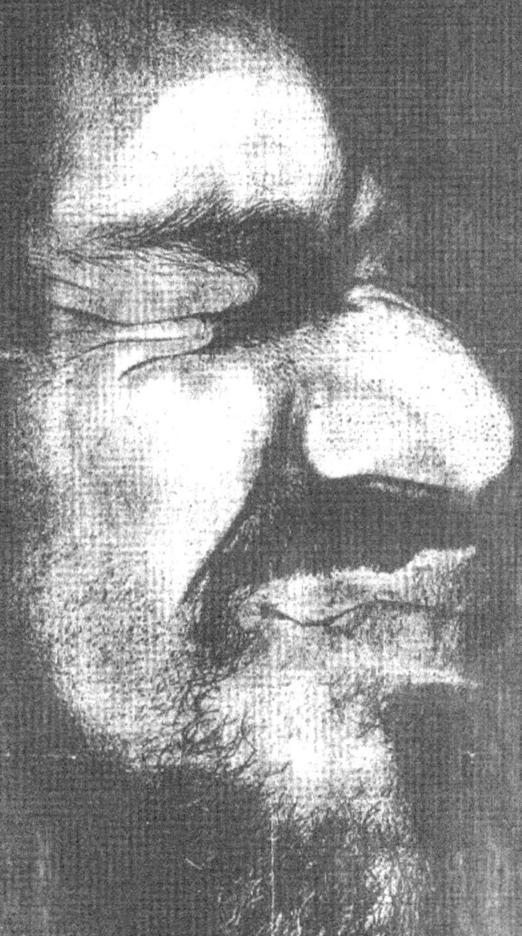

La Vérité n'est pas ce que je pense,

La Vérité, c'est ce que je ressens.

J'acte que

Jack Té jacte.

Et vous,

qu'actez-vous ?

LES FILS

Le premier :

Demain est déjà là, pourtant,
Aujourd'hui encor' est présent
Maintenant, passage fuyant,
Il était une fois l'enfant :
Emmené momentanément
Nu, il s'habille avec le temps

08/1994

Le second :
Avec des yeux qui tombent,
Regarde et charme les ombres.
Nul ne peut résister
A son appel discret.
Un homme est là,
Devant ton toi.

13/11/2000

PROHIBITION

Une lueur céleste

Sur des ombres amorphes,

Et voici ce qu'il reste,

Voici ce qu'on nous offre :

L'image de la faux

Dévastant les campagnes,

Les villes et les hameaux,

En répandant sa hargne.

C'est l'éclipse totale,

Interrompant le jour,

Par cette ire fatale,

Annihilant l'amour.

Un relent dans la nuit

Altère la quiétude,

Et soudain l'on est pris

Par une solitude

L'âme est anesthésiée,

Plongée dans le cauchemar,

Les idées frisées

Croupissant dans le noir

D'où émane la mort :

Fruit de maintes idées

Qu'inventent les plus forts

Afin de nous brider.

17/10/1978

GOURMANDISE

Ils marchent tous à l'envers

Tenant fébrilement sur leurs mains

Ils arrachent l'herbe et la dévorent

Certains, trop gourmands,

Tombent, s'écrasent le visage

Et mus par leur hargne vorace

Mastiquent la chair de la terre

A s'en rendre malades

Ils s'enfoncent encore et encore

Plus profondément jusqu'à

Tomber dans le feu

Et après ?

…………….. Ils me tiennent chaud les pieds !

10/1993 (en voyage de noce)

LE CHEF A TOUJOURS RAISON

Dialectique du chef et de sa raison.

Thèse : soit le subalterne

Antithèse : soit le chef (qui a toujours raison, puisqu'il est chef !)

Synthèse :

- Si le subalterne a raison ; alors, c'est qu'il est chef.
- Or, le subalterne n'est pas chef.
- Si le chef a tort ; alors, il n'est pas chef (ce qui est absurde puisque le chef est chef.... Quand même !)

Donc :

- Même si le chef a tort, il a raison d'avoir tort....
- Et le subalterne a tort d'avoir raison

En conclusion :

Le chef a toujours raison.

1994

UN CHEF QUI A UN CHEF N'EST PAS UN CHEF

(Merci JM Herbigniaux pour l'idée)

Thèse : soit un chef (que j'appellerai chef 1)

Antithèse : soit un autre chef (superchef), chef du chef 1 de la thèse.

Synthèse :

- Si le chef 1 est chef, c'est parce qu'il a raison.
- Si superchef est chef, c'est aussi parce qu'il a raison.
- Si superchef est le chef de chef 1, c'est parce que chef 1 est son subalterne.
  (Logique, non !)

Deux cas se présentent donc,

1) Chef 1 et superchef sont d'accord

Si chef 1 et superchef sont d'accord : alors, ils ont tous les deux raison ; et, donc, superchef n'a pas lieu d'exister puisqu'il est (à raison... !) égal à chef 1 et par conséquent, son propre chef.

C'est évident, mais absurde !!!!

Alors superchef ne peut pas être chef.

2) Chef 1 et superchef ne sont pas d'accord

Chef 1 et superchef étant tous les deux chefs, ils ont tous les deux raisons.
Or, il n'existe qu'une seule raison : LA RAISON DU CHEF !
Or le chef, ici, c'est quand même bien chef 1 (nom de D....)
Donc chef 1 A RAISON (et vos gu..... Maintenant)

Superchef n'ayant pas raison, Superchef n'est pas chef

...... et maintenant, retournez travailler, bande de fainéants !

1994

APOCALYPSE SELON LA DISPARITION DU CHEF.

Rappel :

Si le chef a raison, c'est parce qu'il y a des subalternes qui ont tort.

Définitions :

- Polytortisme : avoir tort de plusieurs façons.
- Monotortisme : avoir tort de la même façon.
- Monoraisonisme : avoir raison de la même façon (évidemment me dirai-vous, mais on en reparlera)
- Polyraisonisme : avoir raison, mais de plusieurs façons différentes (comment cela se peut-il ? me direz-vous, on en reparlera aussi)

1er cas : polytortisme

Le chef a disparu, il ne peut donc plus avoir raison.

(Remarque : il a tort d'être disparu et devient ainsi subalterne à titre postume)

La remarque tendrait à prouver que, les subalternes, qui, eux, ne sont pas disparus, finissent par avoir raison et tendent à devenir, tous, chefs.

On arrive donc au système suivant :

Une multitude de subalternes qui ont tous raison, mais pas de la même façon (polyraisonisme)

Or, …. Le polyraisonisme implique que personne n'a tort !!

À quoi bon, alors, avoir raison ?

À quoi bon,

À quoi bon,

À quoi bon ?????

Merde, à quoi bon ???? (ils commencent à pleurer)

C'est ainsi que débute la dépression mélancolique du « à quoi bon ?»

Et le système polyraisoniste se termine par un suicide collectif.

2ème cas : monotortisme

Supposons, que les subalternes (alors que le chef existe encore) soient tous d'accord d'avoir tort....

Une fois le chef disparu, on retrouverait le système suivant :

... des gens qui sont tous d'accord !

Nous serions donc devant un système où personne n'a tort ni raison,

La présence d'un chef serait donc inutile.

Ce serait l'anarchie !

Inquiétant..., ne trouvez-vous pas ?

PARADOXE DU CHEF «AD INTERIM »

Supposons que le chef décide de s'absenter

(Et il a, d'ailleurs, raison de la faire !).

Pendant son absence, (pour éviter un polytortisme ou un monotortisme) il aura désigné un chef « ad intérim », qui, donc, en l'absence du chef, aura raison.

Or, on sait que, lorsque le chef est là (chef « ad intérim » étant à ce moment-là subalterne), le chef « ad intérim » à tort…

PARADOXE :

Quand le chef « ad intérim » (qui, au départ à tort), fonctionne comme chef, … il a raison !!!!

Donc, …. Il a raison d'avoir tort (je trouve d'ailleurs qu'il n'a pas tort).

Le chef « ad intérim » ayant raison d'avoir tort ;

Pourquoi, lorsque le chef revient, le chef « ad intérim » redevient-il subalterne ?????

Comment quelqu'un qui sait qu'il a raison d'avoir tort admet-il de céder sa place à quelqu'un qui a – logiquement, dans le cas présent-, tort d'avoir raison ?????

Ça devient vraiment compliqué !!!

Il y a comme une …agitation des raisons……

Et, … La raison du plus fort, est toujours la meilleure !

Attention Chef : et si le chef « ad intérim » était plus fort ???

IMPAIRE SONALITE

Triste, visqueuse

Marre gluante

Où meurent les têtards

Hideux.

Le crapaud démoniaque

Aux senteurs sulfureuses

Dégoûtant, répugnant,

Vomissant son râle morbide

Trop tard pour fuir

Les pieds enlisés, tu t'enfonces.

Encore et toujours

Irrésistiblement

Jusqu'à ce que tes yeux

Avant de t'engloutir

Puissent distinguer de près

L'horreur de cet acide

Jusqu'à ce que ton souffle

Bouillonnant en ce flot

Trahisse ta présence

Et ton intégration

26/10/1994   10h20

BEAUTE OU AUTRE ?

Beauté, tu cherches le confort,

Beauté, recherche publicité

Beauté tu n'es que d'avoir tort

D'être au laid

Mieux estimée.

Beauté, tu décides du sort

Beauté, la vie t'est dédiée.

Beauté d'ici, beauté du corps :

D'un visage laid

L'âme blessée.

Beauté divine ou de la mort,

Beauté niée ou oubliée

Beauté d'ailleurs, d'un autre port :

Beauté du laid

Nie les années

01/07/1996

ENTRAIN DU TRAIN

Quand tu supportes ta solitude

Tu te sens fort et en quiétude

Trainant les dialogues voisins

Ton voisinage est bien en train.

C'est un voyage quotidien

Mieux qu'une douche, c'est un bain

Trainant les dialogues voisins

Ton voisinage est bien en train.

Fuyant ta personnalitude

Entends les autres dans l'étude

Trainant les dialogues voisins

Ton voisinage est bien en train.

Envahi jusque dans tes sens

Et tu refuses les présents

Trainant les dialogues voisins

Ton voisinage est bien en train.

Un peu seul avant le départ

C'est là que tu vides ton cafard

Trainant les dialogues voisins

Ton voisinage est bien en train.

Quand, enfin arrivé au bout

De la voie, tu te mets debout

Soudain tu t'éveilles ébahi

Arrivé à Bruxelles-Midi

1996

ENURESIE

L'oppression du lieu inconnu

La nouvelle peau,

Tout l'inquiète,

Le gratte.

Telle sa plume sur un papier,

L'impatience, l'attente

De ce chocolat chaud,

L'oblige à prendre son air

Intérieur et penché.

Il cherche sa place

Se cale, se recale, se décale,

«   ….. Parce que la Belgique…. Merci »

17/11/2000   14h37

LA GRANDE VILLE REUNIFIEE

Seul dans son coin,

Il savoure son existence :

Son crâne glabre,

Des doigts tapotent, son regard errant,

Il ferme mes yeux.

Rien ne vient à lui,

Il ne va vers rien.

Car Rien, c'est lui.

L'homme Dieu,

L'homme Rien,

L'homme Dieu n'est rien.

……

Même à Berlin.

17/11/2000   15h09

CONSEQUENMETRE

Appareil de mesure (qu'on sait quand mettre) dont devrait être équipés tous les politiciens......afin de mesurer les conséquences de leurs actes !

L'ordre de la Nature organise l'anarchie.

L'Homme est rebelle et avide de pouvoir, car il se sait intelligent : sa faculté de se poser des questions sur ce qu'il ne **peut** comprendre, le pousse à inventer des réponses : il fait appel à son imagination pour répondre à ce qu'il n'est pas capable de concevoir. Pourtant, ces réponses n'existent pas, mais l'homme, en général, ne le supporte pas : il n'accepte pas la nature des choses, les choses de la Nature.

Comme il n'a pas encore compris qu'il faisait lui-même, partie de la Nature, il ne perçoit personne pour faire respecter la Loi Universelle, et invente alors **ses** lois, de la façon la plus avantageuse **pour lui**.

A noter que ces lois seront d'autant plus respectées si le législateur parvient à **faire croire** qu'elles sont rédigées pour l'intérêt de tous.

Le législateur convertit, désigne les coupables, alors que la Nature s'impose.

Tout cela est très abstrait, je vous propose donc un exemple concret :

nos modèles sociaux ressemblent à un sac de billes.

La main

Elle tient le sac : c'est le pouvoir ou Dieu.

Elle maintient la société sur un modèle vertical : les « bons » au-dessus.

Le sac

Ce sont les lois qui permettent aux pouvoirs de tenir -comme bon leur semble- les plus belles billes au-dessus : **chaque type de pouvoir juge quelles sont les plus belles billes** (par exemple : les plus vertueuses pour les religions, les plus riches pour les capitalistes, les plus soumises pour les dictatures...)

Tant que cette main tiendra le sac :

la société restera stable, immobile, et les billes du dessus resteront toujours au-dessus, pesant de tout leur poids sur les billes du dessous.

Seul un mouvement de la main ou un autre sac pourra modifier cet ordre : pas de choix pour les billes.

La conscience collective est imposée, et la conscience individuelle est dirigée par les lois du pouvoir. Les idées personnelles sont incompétentes.

Le pouvoir fait régner l'ordre, rien n'est laissé au hasard, tout est prévu, nous sommes prédestinés.

L'anarchie, c'est bien sûr retirer le sac.

Toutes les billes tombent à terre et se répandent sur le sol, ne subissant plus que la loi de la pesanteur (**loi universelle** et applicable à tous sans devoir être écrite dans des livres come la bible, le code pénal, …)

Aucune formule mathématique (aucun sondage) ne peut prévoir les conséquences de cette chute.

La position des billes sera donc aléatoire.

Après quelques secondes, les billes se stabilisent et trouvent chacune leur place.

On constate alors une **paix naturelle et durable**, un juste équilibre des espaces pris par chaque bille, même si certaines billes ont moins de place que les autres ; l'égalité a une autre dimension : le respect de l'ordre aléatoire, de l'ordre Naturel.

Autrement dit : chacun trouve sa place en fonction de ses compétences naturelles.

Les seules lois pouvant modifier cet ordre sont aussi universelles : tremblement de terre, force centrifuge générée par la rotation de la planète, …). Les modifications s'apportent alors **à tous**, **naturellement**, et **sans possibilité de contestation.**

La société est devenue horizontale.

L'anarchie n'est donc pas une absence de lois, c'est l'incontournable soumission à la Nature, seul pouvoir capable de nous tenir en paix.

Plus rien n'est beau ou laid, chaque chose existe, sans pression.

La conscience est alors libérée et pourra servir à comprendre la Nature, plutôt que de vouloir la dominer.

La Nature organise l'anarchie.

INTELLIGENCE :

Faculté de s'adapter à la situation.

CONNERIE :

Faculté d'adapter la situation

Dans la vie,

On n'est pas nécessairement

Obligé

De s'obliger.

ENERGILOGIE

Se sentant vide

L'être appelle Dieu

Ne le trouve en ce lieu

Et puis décide

Sur le sol replié

Les mains se collent

Le front sur le sol

La terre embrassée

Il se sent concerné

Par cette entité

Ce globe dont il naît

Et qu'il peut toucher

Seule partie de l'univers

Qui lui est accessible

Il comprend d'où il vient

Il comprend où il va

24/10/2000   11h00

MA FAMILLE

Être père,

Être paire,

Ça fait deux pères.

Être père dû,

C'est être perdu :

C'est impair.

Deux plus un font trois :

Trois fois rien, ... Ça fait zéro

Les héros sont au cimetière,

Les autres font la guerre,

Ici sur terre,

Là-bas dans l'autre,

L'autre est si près

Qu'il est le frère.

Ah, ... quelle famille !

02/11/2000   21h40

DE HAUT EN BAS

Elle reste dans ma gorge

Il me hante les entrailles.

Elle est lisse, pas morte,

Il est là, sur la paille.

Elle se tient comme elle peut

Ils se tordent d'ennui.

Elle demande et elle veut,

D'en haut,

On dirait que ça va,

D'en bas,

Nul ne sait où il va.

OPTI STRIP

La musique t'ouvre les yeux
La musique t'éclaire
La musique, elle te découvre
Te met à nu.

Sans elle tout est brouillé
Sans ailes, tu t'es noyé
Sans ailes, sais pas voler
Mets-toi à nu.

Ecoute et vois ton âme
Ecoute et bois ton charme
Ecoute-moi, je me donne à toi.

Tu es nue
Ténue
T'es venue
Je suis là ;

04/11/2000   14h30

K FEE

Seul, pas à pas, il avance,

Connaît sa chance

Ne peut être fier :

Car c'est dans l'air

L'air, il respire, ….

Veut ralentir.

Remercie-le,

Ce n'est pas Dieu

Soupire

Ton ire.

08/11/2000   de 06h00 à 06h08 (pendant que le café passe)

TOUT fait farine au bon moulin

Mais TOUT parfois peut être RIEN

Un rien suffit pour être bien

08/11/2000   07h00

VISITE D'UN ONCLE DANS LE NEZ

De l'un taire,

Rieur né,

Alain, à l'intérieur né.

A l'intérieur naît,

Rieur Alain n'est,

Cherche sa réalité

La peur est là

De savoir…. L'interné.

TERMINATORDU

Le T1000 dans la glue

S'est fondu

Est revenu

Mais n'est plus.

Non ne se rue

Mais, je l'ai vu

Ici, là-bas, avant

Mon antre en évent

Le temps, le temps

Joue avec lui,

Pas de pluie

Mais la vie

Râle écrit

Survis !

Merci, dis-lui…

Il est parti

Termine à tort

Merci Mr l'ambulancier

12/11/2000 02h07

EN CUISINE

Le cancer l'a-t-il ?

Est-il un cancer ?

L'avoir ou l'être…

La position

Centrale, maligne,

Du côté de la métastase

Un regard se pose

Se répand partout

Il goûte

Tel un sorbet

Elle voit

Fondant sur le comptoir

Mais, ce n'est pas lui

Qui mange.

Il rit,

Sa crêpe est chaude

Un arrêt le chatouille

Non, ce n'est pas la sienne

Tant de choses s'embrouillent

Il est là, seul

Au milieu du carrelage

Certains objets s'agitent

Les questions du plafond

Les questions ne se posent pas

Elles sont !

11/11/2000   17h40

FROIDEUR REJOUISSANTE

Elle est là, devant moi,

La tête écrasée

Sous ses épaules.

Me regarde sans voix,

La bouche entrebâillée,

Triste et molle.

Amorphe et froide,

Immobile

Dure et stable

Elle est vile ; et quelle ville !

Mes gestes, mes pensées

Ne l'intéressent

Seul un étranger trouble

La non-ivresse.

« Joli » dit-il !

Il m'a aimé

Mon crâne épile

Sa tristité.

13/11/2000   16h41

QUE LA RAIE MENTE

Si triste est Christ
Tel Christ inné : ses yeux.

Christ inébranlable
Christine est semblable

Pardonne la Terre
D'être ailleurs en ce monde.

Pardonne son air,
Son odeur est immonde.

Terre à taire
Monde à voir
Taire : pour être

Donne-lui ! Tonne ! Air !
Raie, pond le questionnaire !

Merci Christine, l'infirmière.

13/11/2000   17h47

CONFERENCE SUR LE SILENCE

Chut ! (Mot d'anarchiste)

Chuuuuut (mot d'anti anarchiste)

Hm hm (conférencier enrhumé)

CONFERENCE SUR LE SILENCE

Snif (conférencier contaminé par le conférencier enrhumé)

Prrrt   (sans commentaire !)

CONFERENCE SUR LE SILENCE

Bzzzz   bzzz

(Le responsable de la salle n'a pas fermé la fenêtre)

Note de la rédaction :   la conférence ne se déroule donc pas en hiver.

Pfffff   (un conférencier s'ennuie)

CONFERENCE SUR LE SILENCE

(Nous entrons dans le vif du sujet)

CONFERENCE SUR LE SILENCE

.. ..

.. ..

.. ..

.. ..

Note de la rédaction :

Les « ... » Indiquent que certains commencent enfin à penser.

CONFERENCE SUR LE SILENCE

#   #   #

Certains commencent à s'énerver

!   (En voilà un qui s'en va)

! ! ! ! ! ! !

(Une famille nombreuse doit se rendre chez le médecin de famille)

!   !

!   !   ! !   !

!   !   !   !

(Quand il y en a un commence, les autres osent)

La salle est vide…….

Merci de m'avoir écouté !

15/11/2000   15h50

ERRANCE VERRE

Je perds le contact

Je me vide du liquide

Dans le vase entonné

Les belles s'agglutinent

D'odeurs hircines

Mon noyant souffle

A la surface.

Je m'assieds et ferme les yeux

Les bruits sont là,

Italiens, roulants,

Pressants.

Mon cœur chochotte

Je tombe, affalé sur une table en plastic.

Respirer, respirer,

Veux pleurer, ne sais,

Téléphoner, marquer le papier

Vite, vite, vite

Je dors………………… Où ?

16/11/2000   14h14

D'EUX

Tremble et tremble encore,

Transpire ta haine,

Ton dégoût te régénère.

Tu crois naître du mal

Mais tu ignores ton essence.

Ne cherche plus, va, va, va,

Allume-toi et le monde.

Ne pleure pas,

Ne vomis pas, attends encore un peu,

Mon ami.

Oui, Toi mon ami,

Tu n'es que moi,

Et moi, je serai toi.

Ton souffle est long,

Tu voudrais pleurer, mais, tu le sais :

Enfin, ta souffrance est utile.

Tu es épuisé, mais pas dedans.

Tu n'es pas sans :

Sans quoi ?

Avale et avale ton liquide,

Evade-toi en toi,

Tu es en toi,

Tue-les en toi,

Tue-moi,

… TU … MOI …

01/12/2000 01h42

GRANDE HEURE

Tu cherches et tu ne trouves
Il faut que tu te prouves
Ta vie est sans destin
Tu erres dans ce machin

Sortir le samedi soir
Tu recherches l'espoir
Peut-être que demain
Te verra naître enfin

Tu rêves de grandeur
Pour étouffer ta peur
Partir ailleurs tu veux
Pour un retour heureux

« Ici », « maint'nant » ne sont,
Tu n'as pas de raison
Et tu sors ton argent
Tu t'offres ce qui est « grand »

Peux-tu vivre ce présent
Exister maintenant
Te montrer sans faire croire
Que tu seras, …. plus tard ?

21/06/2014

INCONNU

Je regarde le monde
Ses contrées moribondes
Mais je n'ai jamais honte
Qui sont ces étrangers ?

Planqué dans mon pays
Je profite de la vie
Mais je voyage aussi
Qui sont ces étrangers ?

Je sors de mon village
Pourquoi ont-ils la rage
J'ai raison, je suis sage
Qui sont ces étrangers ?

Je vais dans l'autre rue
Qu'est-ce que c'est qu'ça, ça pue
Je support' pas cette vue
Qui sont ces étrangers ?

Je regarde mon voisin
Cet idiot est si loin
Je suis le plus malin
Quel est cet étranger ?

Je regard' mon enfant
Il est triste, il me ment
C'était mieux de mon temps
Quel est cet étranger ?

Devant ce miroir, … moi
L'image que je vois
Ne me ressemble pas
Quel est cet étranger ?

La peur vient me figer
La mort vient me guetter
Ma vie est dérangée
Pourquoi n'ai-je pas osé ?

07/2014

PARTI

Noir du mépris

Noir du déni

Noir d'un parti

Le parti pris

Bleu « je veux »

Bleu capiteux

Bleu envieux

Le parti prend

Rouge « j'épouse »

Rouge « to lose »

Rouge partouze

Le parti rend

18/09/2014

L'AILE

Tout à côté

Pas bien coté

Toujours gêneur

Parfois rêveur

Mal emboité ?

Mal attaché ?

En s'éloignant

Te déployant

Porte le corps

Hors de la mort

18/09/2014

GRAVITE

Epaules cassées

Voire écrasées

Le cou figé

Le cou serré

Les yeux braqués

Regard tronqué

Masse de raisons

Masse de fonction

Masse m'empêche

Masse me prêche

Masse média

Masse-moi

Ailleurs pour moi

Ailleurs tout va

Ailleurs pas d'poids

18/09/2014

QUAND CA VA ? CA NE VA PAS

Vérité

Mais quoi ?

Vérité

Mais où ?

Vérité

Mais quand ?

Vérité

Mais pourquoi ?

Vérité de la vérité

Ou mensonge de la vérité

Erreur d'avoir raison

Raison d'avoir tort

Raison de la folie

Folie de la raison

Où est le bien ?

Où est le mal ?

Qui te dira ?

Uniquement toi

C'est ta pensée

Qui te concerne

Alors tu dis

Pour moi, ça va

Mais pour les autres

Ça ne va pas

18/09/2014

L'ILE DU BONHEUR

Si tu doutes,

Tue, leurre,

Le temps, la peur

Le corps fou

Mets ta mort fonce

Mort fine

Parts à Cétamole

18/09/2014

VIE D'ART TRISTE

Le silence…

Plus d'ambiance
Plus de danse
Plus de transe

C'était lui
C'est sa vie
Puis l'ennui

Dans les champs
Doucement
Sans le vent

Dans sa ville
Puis tranquille
Était-il ?

En son âme
Plus de flamme
Plus de femme

Et descendre
Et des cendres
Froides et tendres

Reste au rez
Sang monté…
Enivré

Sans oser
Sa nausée
Transe posée

Un peu mort
Et ce corps
Si retord

Sans sa voix
Sans ses voies
Les cents pas

Puis son lit
C'est la nuit
C'est sa vie

19/09/2014

AIMANT

Je cherche les regards
Je voudrais me faire voir
Puis aller me faire voir
M'écarte des regards

Je parle sur la toile
La couleur sans le voile
Non pas de teintes pâles
Je m'affirme et je parle

Dans quel état j'existe ?

Parler ou bien sourire
Et crier pour le pire
Et prier je m'en cire
Je m'éloigne, je délire

Il n'y a pas de piste
Et parfois je suis triste
Je suis si égoïste

Je cherche les regards
Jamais ne suis hagard
Je cherche le pouvoir
C'est mon plus grand espoir

Surtout ne m'oublie pas
Entends, écoute-moi
Non, ne dis rien c'est moi
Accepte-moi, tais-toi

L'attirance
L'existence
La souffrance
Dans l'absence

Le silence
C'est ma chance

22/09/2014 9h00

FAUSSE ROUTE

Le silence de la nuit
Je me porte vers lui
Je le vois, je le suis
Il s'en va, c'est tant pis

Si seul dans son angoisse
Et puis ce temps qui passe
Mais sans péché, il chasse
Et s'empêcher la face

La perfection l'obsède
Il y retient son être
Le contrôle, pas de fête
La peur est en sa tête

Il traine dans la prison
De son éducation
Il pose les questions
Personne ne lui répond

Puis de son existence
Souffre de son absence
De son intolérance
Et de sa bienséance

Il s'accroche à son ordre
Il préfère se mordre
Sa raison, c'est sa corde
La nature : le désordre

Mais pourra-t-il enfin
Sortir de ces liens
Toujours aller plus loin
Mais rien que pour son bien

Il est seul sur son île
Au milieu de sa ville
Sa vie est si tranquille
Elle ne tient qu'à un fil

17/12/2014

POURSUITE

Tu défiles en criant
Tu suis en aboyant
Tu as trouvé ta route
Mais tu oublies le doute

Tu es sûr qu'ils ont tort
Tu es bien le plus fort
T'as pas peur de la mort
Mais ils tueront encor'

Tu as ta liberté
Tu l'avais méritée
Tu l'avais : ta fierté
Mais ils n'ont pas cédé

Toi, tu as ton bonheur
Tu es riche, et sans heurt
Tu es le bon penseur
Mais ils attendent l'heure

Qui en aura raison ?
Et combien en mourront ?
Le nouvel ordre sonne
Mais nous resterons hommes

15/01/2015 22h25

RICHESSE

Bien en haut de ta tour

Bien debout en ce jour

Bien sapé de velours

Bien géré sans débours

Malheureux mal habile

Mal parti, trop sénile

Mal lotis, peu docile

Mal garni, fait la file

Paradis d'opulence

Enfer de tes créances

Lui nourrit ses dépenses

Toi, tu gères ta démence

« Rien » n'a pas de promesse

« Rien » n'a pas de noblesse

« Rien » : pour lui, la détresse

Rien : c'est toute ta richesse

30/01/2015

SIXIEME SENS

IL dit la vérité

IL voit dans tes pensées

IL sent, il a du nez

IL touche, mais quel doigté !

IL goûte, dans son palais

IL t'a même deviné

IL prétend tout maitriser

IL voudrait tant dominer

IL s'entoure de ses sujets

Ile au milieu des niais

Ilot déniant le laid

Illusion de son presqu'il

IL est un dieu inutile

31/01/2015   23h26

VOLE

Force est de constater
Qu'il n'est lieu d'imposer.
Que pourrais-tu trouver
Par ta seule volonté ?

Si tu veux t'envoler,
Qui donc peut te porter,
Que tes ailes déployées
Par ta seule volonté

Nul ne peut te donner,
T'imposer tes idées,
C'est à toi de chercher
Par ta seule volonté

Tu voudrais te cacher
Sans jamais décider ;
Ton pouvoir de rester
C'est ta seule volonté

Plaire, mais ne pas tricher,
Plaire, mais sans oublier :
Si tu veux exister
C'est ta seule volonté

29/08/2015 01h50

MA SOURCE DE VIE

Je ne peux me passer de toi
Je te désire, fidèle et pure
A chaqu' instant, je te veux, là
A mon service et sans mesure

Ici, pour moi, tu te laiss' prendre
Mais, là-bas, ceux qui te désirent
Ne te retrouvent pas dans leur chambre
Tu peux mêm' les laisser mourir

Alors que tu es si vitale
Je te salis et sans respect
Je t'utilise, c'est normal
De plus, je veille à ton aspect

Tu es parfois de mauvais goût
Tu me déçois, je te critique
Alors je te jette à l'égout
J'en prends une autre, à la boutique

Je te veux ici, tout de suite
Propre et soignée, à mon service,
Fais attention à ta conduite
Je ne tolèrerai de vice

Je t'ai captée pour me servir
Bien que courante, tu es potable
Tu portes même mes navires
Toi, mon eau, si indispensable

09/2016

L'économie de marcher

Ne fait avancer personne

EN PECHE

En toi tu danses
En toi c'est dense
Et ton absence
N'a pas de sens

Pourtant tu donnes
Et tu rayonnes
Mais c'est les hommes
La raison sonne

L'esprit chavire
Si tu respires
Tu vois le pire
Et tu délires

Tu es trou noir
Et rien à voir
Mets tout l'espoir
Dans ton regard

EVEIL

Tu dois dormir
Et si tu vires
Pas d'avenir
Pour toi le pire

Et tu t'éveilles
Rien n'est pareil
En toi sommeille
La rage en veille

Tu prends les armes :
Cassé, le charme
Fini les larmes
C'est le vacarme

Tu te redresses,
Nies ta paresse
La vie te laisse
Toutes ses richesses

PASSE PASSE A LA TRAPPE

Il traversait la nuit
Il restait dans son lit
Sans lutte, cet homme sans vie
Sentait la mort en lui

Un matin, il sourit.
Il laisse là son dépit.
Il renaît, il revit
Et devant lui, la vie.

Il retrouve des amis
Il se sent si rempli
De rêves et d'envies
Le bonheur s'offre à lui

Il espère, il se dit
Que se trouver ici
L'emmènera, pardi,
Si loin de son ennui

Et le sentier qu'il suit
Qu'il voit, là, devant lui
Ce guide, qui sourit,
Il y croit, c'est parti.

Enfin libre, il conduit
Comme il veut, comme il dit
Il pense qu'il peut faire fi
De l'ordre, des conflits

Il n'est pas ce mari
Il n'est pas ce soumis
Il est libre et épris
De son autonomie

Il entre alors
Dans ce beau port
Où se dévorent
Des êtres forts

Il voit alors
Dans ce beau port
Qu'ils cherchent l'or
N'ont jamais tort

Il sent alors
Dans ce beau port
Venir sa mort....
Du piège il sort.

23/09/2016 06h50

PARADE

Je sors ce soir
Et je me couvre
Ma robe du soir
Décolletée s'ouvre
Il faut me voir :
Il faut savoir
Et je prépare
Mon avatar

Métamorphose   je pose

Il n'est pas tard
Mais je me presse
Sur le boulevard
Vers cette messe
Dans ma bagnole
De dernier cri
Je joue l'idole
Je fais du bruit

Métamorphose   je pose

Enfin, j'y suis
Je vois dehors
Ce troupeau qui
Dans ce décor
Vient me montrer
La nouvelle mode
Je dois briller
Alors je brode

Métamorphose   je pose

Je me tiens droit
Je parle fort
Je crie, j'aboie
J'ai jamais tort
Je parle de moi
Et je t'ignore
Tu penses quoi ?
J'suis pas d'accord

Métamorphose   j'impose

01/10/2016

NOIR ET BLANC

J'existe de paraitre
Muet et si bavard
D'avoir plutôt que d'être
Éteint comme une star

Je crie, tu dois te taire
J'exprime mon pouvoir
Tu votes, je m'indiffère
Eteint comme une star

Maintenant je suis riche
Et je ne veux te voir
Ton malheur, je m'en fiche
Eteint comme une star

Pour que tu disparaisses
Au fond de ce tiroir
Je cours et je me presse
Eteint comme une star

Tu résistes et tu pleures
Mais tu as cet espoir
D'entendre la clameur
D'une étoil' dans le noir

06/10/2016

NON LIEU

Ici, je suis bien
Ici, j'ai un chien
Ici, c'est l'été
Ici, je serai
Je dois partir de chez moi

Ici, mon école
Ici, mes paroles
Ici, ma jeunesse
Ici, ma vieillesse
Je dois partir de chez moi

Ici, mon jardin
Ici, tout est bien
Ici, ma rivière
Ici, pas d'hiver
Je dois partir de chez moi

Là-bas, la terreur
Là-bas, la douleur
Là-bas, la souffrance
Là-bas, les carences
Je suis partie de chez moi

Là-bas dans les ruines
Là-bas m'élimine
Là-bas la violence
Là-bas sans défense
Je suis partie de chez moi

Ici, le mépris
Ici, le dépit
Ici, les on-dit
Ici, je survis
Et je ne suis pas chez moi ?

Pourquoi tu as peur
Pourquoi ta pâleur
Pourquoi ta rancœur
Pourquoi ta noirceur
Car je ne suis pas chez moi ?

Ici ou là-bas
Ma vie est un droit
Ici ou là-bas
Rien n'est propre à toi
Ce lieu ne t'appartient pas

24/10/2016

MEDECINE OCCIDENTALE

La planète divisée
Vos idées, NOS idées
A l'ouest, nous les bons
Sans répit nous cherchons
Par profit les richesses,
Que vous avez, à l'est

Alors nous commandons
Alors nous libérons
Nous vous envahissons
Imposant nos façons…
C'est nous qui vous dictons
L'ordre et notre raison

Fini la rigolade
Vos pays sont malades
Pour votre guérison
Ainsi nous prescrivons
A toute nos victimes
Un chang'ment de régime

Chaqu' matin, au réveil
Suivez notre conseil
Pensez à éviter
De rire ou de pleurer
Taisez-vous et trinquez …
A notre bonne santé

Ainsi nos sociétés
À la bourse cotées
Prendront des vitamines
Importées de la Chine.
Exploitant la misère
Chantons notre prière :
« Prenons et buvons-en
La coupe de leur sang
Versé en orient
Pour la gloire et l'argent
Et qu'ils puissent longtemps
Demeurer ignorants
Qu'il existe un traitement
Par anti-occident »
AMEN !

29/10/2016

Arnaque

Qu'il s'appelle : Dieu, Allah,
Yahvé ou bien Bouddha
Ou maman ou papa
Ils t'ont ...donné la vie

Petit, au commencement
Il te faudra du temps ...
Et pour devenir grand
Ils t'ont ...donné la vie

Peu à peu, pas à pas
Tu vas devenir toi ...
Et voilà donc pourquoi
Ils t'ont ...donné la vie

Tu avances lentement
Tu y crois 100%
Tu te dis : « heureus'ment
Qu'ils m'ont ...donné la vie »

Parfois même, un instant
Tu t'arrêtes... en doutant
Tu te dis : « j'ai le temps ...
...on m'a donné la vie »

Ainsi en avançant
Ainsi en apprenant
Tu espères justement
Profiter de ta vie

......
Tu t'éveilles ce matin
T'as perdu ton turbin...
Comment vas-tu demain
Profiter de ta vie ?
Ils disent : « va travailler »
« Il faut gagner sa vie »
C'est bien ce qu'on te dit
Gagner c'qu'on t'a donné ... !!!

31/10/2016

DECLIN

Tu penses, mais ta raison

Résonne, de silence

Silence acculant

Lentement tu t'effaces

T'es Face contre terre

Terrifié par la peur

Euros dollars

De la raison du plus fort

Plus fort que ta raison

T'as raison, mais t'as tort

Toréador

Adore alors

L'or, et la fortune

Tune n'est que paraître

Être de raison ......

Sans raison d'être

2018

PERIL EN LA DEMEURE

Prisonnier de ton présent

Tu ne cherches qu'à t'évader

Ignorant ce que tu mens

Tu finis par t'égarer

Où es-tu ? Que fais-tu ?

Tes chemins sont tous errants

Sinueux et si noués

Tu te perds dans le tourment

D'un destin inhabité

Où es-tu ? Que fais-tu ?

Le péril en chaque instant

Te menace tel cette épée

Il te côtoie et pourtant

Il est comme un étranger

Où es-tu ? Que fais-tu ?

Attention, en attendant

N'oublie pas la gravité

Elle te fige en cet instant

Tu risques de t'enfoncer

Où es-tu ? Que fais-tu ?

Du fond de la terre

Surgit l'être amer

Entends sa colère

Regarde ton père

Je suis là…

Devant toi…

29/9/2018

Pas d'ombre sans soleil

Je cherche en vain les mots
Qui pourraient expliquer
Ce qu'il y a de si beau,
Ce qui a pu marquer
Au plus profond de moi
Ce bonheur, si intense,
Qui me remplit de joie,
Nourrit mon existence

Mon âme était sans toit.
L'angoisse et la détresse
Ne faisaient plus de moi
Qu'un être de tristesse
Une ombre qui cherchait
Où était ce soleil
Qui, sur ce mur, traçait
Ce mortel sans sommeil

Et puis vint cette aurore
Pour détrôner ma nuit
M'apportant ce trésor
Me donnant ce crédit
C'est ce si beau sourire
C'est une étoile qui brille
Elle peut même m'éblouir
Elle s'appelle Valérie

© KaCo

Un grand merci à ma copine COCO,
la photographe,
pour la magnifique photo de ma femme.

© 2022 Jack Té
Édition : BoD – Books on Demand, info@bod.fr
Impression : BoD – Books on Demand, In de Tarpen
42, Norderstedt (Allemagne)
Impression à la demande
ISBN : 978-2-3221-9309-7
Dépôt légal : août 2022